Dorothee Laye

Mädchen sind großartig!

Inspirierende Geschichten über Glück, innere Stärke und die Magie in jedem Augenblick!

Umschlagbild: Moran2599

Bibliografische Information der Deutschen Nationalbibliothek

Die Deutsche Nationalbibliothek verzeichnet diese Publikation in der Deutschen Nationalbibliografie; detaillierte bibliografische Daten sind im Internet über http://dnb.dnb.de abrufbar.

ISBN 978-3-948116-02-6

Laye, Dorothee: Mädchen sind großartig! Inspirierende Geschichten über Glück, innere Stärke und die Magie in jedem Augenblick!

Alle Rechte vorbehalten
© 2020 Jadebaum-Verlag Evelyne Laye
Untere Mühle 1, 72070 Tübingen-Unterjesingen

Umschlaggestaltung, Satz und Layout:
Gregor Julien Straube, Tübingen, lektorat.straube@web.de
Druck: booksfactory, Szczecin

Inhalt

Anabell sammelt das Glück

Anabell winkte ihren Eltern hinterher, als sie mit dem Auto wegfuhren. Neben ihr stand ihre Großmutter und hielt fest ihre Hand.

„So", sagte Omilie zufrieden, als das Auto hinter der Kurve verschwunden war, „jetzt möchtest du sicher zuerst all unsere Mitbewohner begrüßen." Ihr Gesicht mit den vielen Runzeln und den wachen Augen strahlte Anabell an. Omilie war Anabells Großmutter und ziemlich alt, trotzdem kannte Anabell kaum jemand, der so lebendig war wie sie.

Opa Karl saß gerne auf der Bank vorm Haus, seinen Hund zu Füßen, und sah den Hühnern beim Picken und den Blumen beim Wachsen zu. Omilie hingegen, wie Anabell ihre Oma nannte, war meist in Bewegung. Sie zupfte Beeren, fegte den Hof, backte Kuchen, bürstete die Kühe, ermahnte Karl, wenn er seinem Hund mal wieder zu viele Kekse gab und war den ganzen Tag hier und dort am Tun und Machen. Trotzdem hatte sie es nie eilig und war immer guter Laune.

„Zuerst zu Mulle und Tante Frieda", sagte Anabell glücklich zu Omilie und zog sie schon in die Richtung der beiden alten Kühe, die auf einer Wiese nah am Haus grasten. Mulle und Tante Frieda blickten kurz auf, als sie Anabell sahen, und grasten dann friedlich weiter. Anabell hatte trotzdem das deutliche Gefühl, dass sie ihr zugenickt hätten. Danach begrüßte Anabell Bella, der alte Hund von Opa, ein großer Berner Sennenhund, der ihr ein paar Mal über das Gesicht schleckte. Zuletzt warf Anabell den fünf Hühner, die im Hof herum liefen, noch ein paar Körner zu. Die Hühner waren begeistert.

Anabell liebte es, in ihren Sommerferien zu Omilie und Opa zu fahren. Das Schöne war, dass es so anders war als daheim. Bei Anabell in der Stadt gab es vor allem Häuser und Straßen und alle hatten es immer eilig und mussten dringende Sachen erledigen. Bei Omilie und Opa gab es ebenfalls viel zu tun, denn sie hatten einen großen Garten und viele Tiere, aber Anabell erschien das Leben auf dem Land wie ein langer träger Fluss, der gemütlich dahin floß. Die Stadt hingegen war wie ein wilder Sturzbach mit immer neuen Aufgaben, die auf einen lauerten.

Wie in der Schule, dachte Anabell und ihre Laune verdüsterte sich, während sie sich die Hände wusch.

Sie ging in die große Küche, in der es schon verführerisch roch, und setzte sich auf den Platz auf der Eckbank, der immer ihrer war, wenn sie da war.

Opa rührte gerade im Kochtopf und schmeckte den Eintopf mit einem Löffel ab. „Hervorragend", lobte er sich selbst und grinste Anabell an. „Mein Spezial-Karl-Allerlei."

Omilie kam mit einem Büschel Kräutern in der Hand in die Küche.

„Das verfeinert den Eintopf noch", sagte sie und wedelte mit den Kräutern vor Anabells Nase herum. „Kerbel und Petersilie." Sie schnupperte in die Luft. „Das riecht aber schon lecker."

Opa zwinkerte Anabell zu und setzte sich zu ihr an den Tisch.

„Ich bin ja froh, dass du wieder da bist", sagte er und grinste verschmitzt, „wir müssen mal langsam unser Baumhaus weiter bauen."

Anabell sah ihn froh an und rief: „Unser Baumhaus hatte ich ja schon fast vergessen! Vielleicht kriegen wir es diese Ferien ja fertig?" Dann fiel ihr ihr letztes Gespräch mit ihrer Mutter ein und ihr Lächeln verschwand. Während der Fahrt zu ihren Großeltern hatte ihre Mutter die ganze Zeit von ihren Schulnoten geredet. Dass Anabell aufpassen müsse, nicht schlechter zu werden; dass jetzt doch ein guter Zeitpunkt sei, nochmal Stoff durchzugehen. Sie hatte ihr ihre Reisetasche mit Büchern und Lernheften vollgepackt und ihr einen Plan gemacht, was sie jeden Tag lernen sollte.

„Nicht nachlassen", hatte sie Anabell ermahnt, bevor sie sich mit einem Kuss vorhin von ihr verabschiedet hatte.

„Ich muss aber auch eine ganze Menge lernen", sagte Anabell zögernd zu Opa, der sie erwartungsvoll ansah, „Mama hat gesagt, ich soll den Schulstoff des Jahres nochmal durchgehen."

Opa sah verblüfft drein. „Mein Schätzchen, du hast doch Ferien", rief er aus. Omilie setzte den großen Topf mit dem Essen auf den Tisch.

„Hab ich gerade richtig gehört", sagte sie laut, „du sollst in deinen Sommerferien bei uns lernen?" Anabell nickte. Sie fühlte sich plötzlich ganz niedergeschlagen.

„Bist du so schlecht in der Schule?", fragte Opa.

„Nein, ich bin die Drittbeste meiner Klasse", sagte Anabell, „aber Mama möchte, dass ich noch besser werde." Omilie und Opa sahen sich erstaunt an.

Opa seufzte. „Da müssen wir mal mit deiner Mutter reden", sagte er und schüttelte verwundert den Kopf.

„Lernen schön und gut, aber die wirklich wichtigen Dinge des Lebens lernt man nicht in der Schule", sagte Omilie gut gelaunt und tat jedem Eintopf auf den Teller. „Jetzt essen wir erst mal." Sie sah Anabell lächelnd an. „Dann sehen wir weiter."

Anabell blickte sie neugierig an. Ihre Mutter sagte ihr jeden Tag, wie wichtig es sei, gut in der Schule zu sein. Für deine Zukunft, sagte sie. Das hatte sie so lange wiederholt, dass Anabell angefangen hatte, zu denken, dass die Schule das Wichtigste auf der Welt war. Das war jetzt das erste Mal, dass sie etwas anderes hörte.

An nächsten Morgen schlief Anabell lange und ging dann noch im Schlafanzug gleich zu Omilie in den Garten, die gerade Rosen schnitt.

„Guten Morgen, mein Schätzchen", rief Omilie ihr fröhlich entgegen, „möchtest du Frühstück? Karl ist in der Küche und kann dir eine heiße Schokolade machen, oder einen Tee, wie du möchtest. Und ein Müsli vielleicht?"

Anabell nickte glücklich und kam fünf Minuten später mit einer Tasse heißer Schokolade in der Hand wieder zurück. Sie trank einen Schluck, es schmeckte köstlich.

„Omilie, sagte Anabell zögernd, „du hast ja gestern gesagt, die Schule ist nicht so wichtig..." Ihre Großmutter unterbrach sie: „Schätzchen, die Schule ist durchaus wichtig, aber andere Dinge sind einfach noch wichtiger."

„Was denn?", fragte Anabell neugierig.

„Zum Beispiel ein freundlicher Mensch zu sein", sagte Omilie lächelnd, „und auch nett zu Tieren."

„Ich bin immer sehr nett zu Tieren", sagte Anabell schnell. Sie hatte sich tatsächlich für heute vorgenommen, viel Löwenzahn für die Kühe zu sammeln und der Katze etwas Sahne zu geben. Ihre Großmutter nickte und fuhr fort: „Gemeinsam mit anderen schöne Dinge unternehmen. Die Wiesen und Wälder zu achten und nicht zu verschmutzen."

„Ich möchte auf jeden Fall die Wiesen und Wälder achten. Und ich unternehme sehr gerne mit anderen schöne Dinge", sagte Anabell, „aber ich habe zu wenig Zeit dafür. Immer soll ich etwas für die Schule machen."

„Aber nicht in deinem Urlaub bei uns." Anabells Großmutter strahlte sie zufrieden an. „Ich habe heute Morgen schon mit deiner Mutter telefoniert und ihr gesagt, dass wir hier unser eigenes Lernprogramm machen."

Anabell bekam große Augen. Ein Lernprogramm hörte sich selbst bei Omilie nach viel Arbeit an.

„Gibt es viel zu tun bei deinem Lernprogramm?", fragte Anabell etwas skeptisch.

„Ach was, gar nicht", sagte Omilie lachend, „aber wir können trotzdem jetzt gleich schon damit anfangen."

Anabell sah sie erwartungsvoll an.

„Wir sammeln heute glückliche Momente", verkündete Omilie mit einem breiten Lächeln, „und heute beim Abendessen teilen wir sie miteinander."

Anabell überlegte. War das jetzt schon ein glücklicher Moment, wo sie gehört hatte, dass sie in diesen Ferien nicht mehr für die Schule lernen musste und hier im Garten an einer heißen Schokolade nippte? Sie beschloss, ja, das war gewiss ein glücklicher Moment!

Und es war ganz erstaunlich zu sehen, wie viele glückliche Momente es an so einem Tag geben konnte! Anabell wunderte sich sehr. Es war ein glücklicher Moment, als Tante Frieda ihr mit ihrer rauen Zunge über den Arm schleckte, und ein glücklicher Moment, als Bella mit ihr eine Runde über die Felder ging und sie dabei immer wieder treuherzig ansah. Es war ein glücklicher Moment, als sie einen schönen Blumenstrauß pflückte und Opa sich darüber freute und auch, als sie ein Stück Käse beim Marktladen geschenkt bekam. Sogar als am späten Nachmittag ein Gewitter aufkam und sie die beeindruckenden Blitze aus dem Küchenfenster sah, war das ein glücklicher Moment. Es war so gemütlich, in der Küche ganz nah bei Omilie zu sitzen und sich das Schauspiel am Himmel anzusehen.

Beim Abendessen erzählten sich Anabell, Omilie und Opa alle ihre glücklichen Momente des Tages. Es waren ziemlich viele.

„Das war richtig toll heute", sagte Anabell begeistert, während sie versuchte, so viel Gemüse wie möglich auf ihre Gabel zu bekommen. „Und was ist morgen mein Lernprogramm?"

Opa lachte: „Genau dasselbe!"

„Wir sammeln jeden Tag glückliche Momente?", fragte Anabell verblüfft.

„Jeden Tag", bestätigte Omilie, „wir machen das schon seit Jahren. Das ist für uns eines der wichtigsten Dinge im Leben."

„Und sonst muss ich gar nichts machen?" Anabell sah von Omilie zu ihrem Opa und wieder zurück.

Omilie überlegte: „Die Kirschen sind wirklich überreif, die sollten gepflückt werden. Und ich wollte auch mal wieder zum See fahren. Da kannst du mitgehen, wenn du Lust dazu hast. Und dann gibt es ja noch das Baumhaus..."

Anabell strahlte sie an. „Das ist das allerfantastischste Lernprogramm, Omilie", sagte sie und schlang ihre Arme um ihre Großmutter. „Ich wünschte, ich müsste nie mehr in die Schule."

Opa sagte nachdenklich: „Ach was, wenn man es nicht übertreibt, ist die Schule doch gar nicht so schlimm."

Anabell überlegte. So früh aufzustehen war immer doof, aber manchmal war es wirklich ziemlich spannend, was sie in der Schule durchnahmen. Und außerdem traf sie dort jeden Tag ihre Freundinnen.

„Vielleicht gibt es sogar in der Schule glückliche Momente", überlegte Anabell.

Omilie nickte. „Das stimmt. Da kannst du mal auf die Suche gehen, wenn du wieder daheim bist. Aber solange du bei uns bist, suchen wir die glücklichen Momente einfach überall."

„Ich bin mal gespannt, wie viele glückliche Momente wir noch finden", sagte Anabell, „vielleicht gehen sie irgendwann aus und dann gibt es keine mehr?"

Opa Karl lachte: „Wenn du nach glücklichen Momenten schaust, wirst du immer welche finden. Das geht niemals aus. Das ist das Wunder dabei."

Anabell überlegte und sagte dann lächelnd: „Ich glaube, du hast Recht. Genau jetzt haben wir schon wieder einen glücklicher Moment gefunden."

Laura traut sich!

Laura saß wie immer zusammen mit ihrer Freundin in der letzten Reihe, als die Lehrerin eine ganz besondere Ankündigung machte.

„Diese Woche möchte ich ein neues Projekt mit euch beginnen", sagte sie lächelnd und schaute die Schüler ihrer Klasse reihum an. „Wir machen Ende des Monats ein Geschichten-Vorlesen. Ihr könnt gerne eure Eltern und andere Verwandten dazu einladen. Und das Besondere daran ist, dass ihr die Geschichten, die ihr vorlest, selber schreibt."

Ein paar Kinder fingen sofort an zu tuscheln, andere stöhnten auf.

Ein Kind fragte: „Über was sollen wir denn schreiben?"

Die Lehrerin antwortete fröhlich: „Ihr schreibt einfach, was euch gefällt. Über euer Lieblingstier oder eine Reise oder ein Nachmittag daheim, es gibt keine Vorgaben von mir."

Sie fuhr fort: „Wir haben zwei Wochen Zeit. Alle schreiben mit, aber ob ihr eure Geschichte vorlesen möchtet, entscheidet ihr selbst. Das ist freiwillig."

Marlene stupste Laura an. „Hast du gehört, Laura!", flüsterte sie aufgeregt. Marlene war Lauras beste Freundin.

Laura nickte. Das war ja eine interessante Neuigkeit. Laura dachte sich gerne Sachen aus und hatte schon zwei Hefte mit Erzählungen vollgeschrieben. Sie hatte sogar noch viel mehr Geschichten im Kopf. Mehr als sie Zeit hatte sie aufzuschreiben. Aber sich vor die ganze Klasse hinzustellen und ihre Geschichte für alle vorlesen? Das war etwas ganz anderes. Das konnte sie sich nicht vorstellen.

Bis jetzt hatte sie ihre Geschichten nur Laura gezeigt, und ihre Mutter hatte auch schon zwei gelesen. Laura hatte gesagt: „Das ist echt spannend. Kannst du mir gleich die nächste geben?" Und ihre Mutter hatte gemeint: „Sehr fantasievoll, mein Schatz, was für tolle Ideen du hast!". Aber Mütter finden ja das Meiste gut, was man macht, und Laura war ihre Freundin.

Leider waren aber die anderen in der Klasse nicht ihre Freunde. Sie hänselten sie und lachten sie manchmal aus, weil sie klein war und eine dicke Brille trug. Und weil sie schüchtern war. Einmal hatte Paul sie in der großen Pause etwas gefragt und sie war puterrot geworden! Paul und seine Freunde hatten über sie gelacht und sie immer wieder „Tomate" gerufen.

Laura wollte sich jedenfalls nicht mehr auslachen lassen. Wenn sie an die Kinder in ihrer Klasse dachte, war es klüger, lieber still zu bleiben. Auch wenn sie sich schon manchmal gewünscht hätte, ihre Geschichten noch mehr Menschen zu zeigen.

Nach der Schule gingen Laura und Marlene nach Hause. Zum Glück hatten sie fast denselben Schulweg.

„Ich konnte mich heute gar nicht entscheiden, was ich schreiben möchte", sagte Marlene und lachte, „aber ich habe gesehen, dass du schon ganz viel gemacht hast."

„Ich hatte gleich eine Idee mit einem Eichhörnchen Es hat keine Nüsse gesammelt und möchte Geschichten gegen Nüsse tauschen. Ich habe schon alles im Kopf."

„Du musst bei diesem Vorlesen mitmachen", sagte Marlene und sah Laura bewundernd an, „niemand schreibt so tolle Geschichten wie du."

„Lieber nicht", antwortete Laura schnell.

„Aber warum nicht?", fragte Marlene.

„Dann lachen die mich doch nur wieder aus", sagte Laura zögernd.

„Deine Geschichten sind so toll, da lacht dich niemand aus", sagte Marlene und lächelte Laura an.

Aber da war sich Laura nicht so sicher. Marlene hatte gut reden, sie wurde nur ganz selten gehänselt und traute sich immer eine Menge zu. Sie ging sogar im Kletterpark in die höchsten Bäume, ohne Angst zu haben. Und Marlene war auch richtig gut im Vorlesen, während Laura sich in der Klasse immer drückte, wenn sie etwas vorlesen sollte. Laura würde also ihre Geschichte nicht vorlesen! Nur...warum fühlte das sich aber trotzdem so schlecht an?

Am Nachmittag ging Laura wie jeden Freitag zu ihrem Klavierlehrer, Herrn Johann. Herr Johann wohnte nur wenige Häuser weiter und war schon sehr alt. Zumindest fand Laura, dass er sehr alt aussah. Er hatte auch schon weiße Haare und einen ganz weißen Bart.

Als Laura das Klavierstück von letzter Woche schon zum vierten Mal wieder von Neuem anfangen musste, weil sie sich nicht konzentrieren konnte, legte Herr Johann seine Noten zur Seite und sah Laura freundlich an.

„Lenkt dich heute etwas vom Klavier spielen ab, Laura? Du siehst heute ein bisschen traurig aus."

Laura schüttelte stumm den Kopf und sah auf die Tasten des Klaviers.

„Wenn du Kummer hast, kannst du es mir gerne erzählen", sagte Herr Johann, „am besten spielt man nämlich Klavier, wenn man glücklich ist."

„Ich bin aber nicht glücklich", sagte Laura ein bisschen trotzig.

Herr Johann nickte und wartete einen Moment.

Laura sagte stockend: „Wir sollen bis in zwei Wochen Geschichten schreiben und sie dann vor allen vorlesen, und ich würde eigentlich gerne mitmachen", brach es aus ihr heraus und sie fing an zu weinen.

„Und warum kannst du das nicht?", fragte Herr Johann sanft.

„Weil die anderen in meiner Klasse mich dann auslachen", schluchzte Laura, „dabei kann ich richtig gut Geschichten schreiben."

„Dann würde ich sehr gerne mal eine Geschichte von dir hören", sagte Herr Johann, „hast du eine dabei, Laura?"

Laura sah Herr Johann zweifelnd an und wischte sich die Tränen aus dem Gesicht.

„Ich würde niemals über jemand lachen, der eine eigene Geschichte vorliest. Das ist viel zu wichtig", erklärte Herr Johann.

„Ich habe die von heute noch in meiner Tasche", sagte Laura leise.

„Möchtest du sie mir vorlesen?", fragte Herr Johann freundlich. Laura stand auf, holte ihr Geschichtenheft aus ihrer Tasche und setzte sich wieder auf den Klavierhocker. Stockend fing sie an, ihre Geschichte vom Eichhörnchen vorzulesen. Sie stockte anfangs ein bisschen, aber dann wurde sie immer sicherer. Herr Johann hörte aufmerksam zu. Nach einigen Minuten hörte Laura auf und sagte: „Das Ende fehlt noch, ich hatte heute nicht genug Zeit, es fertig zu schreiben", und schaute

Herr Johann ein wenig ängstlich, aber auch erwartungsvoll an.

Ob ihm ihre Geschichte gefallen hatte?

Herr Johann sah sie mit einem breiten Lächeln an und sagte:

„Ich habe selten so eine schöne Geschichte gehört. Wenn du nächstes Mal zum Klavier spielen kommst, möchte ich unbedingt noch das Ende erfahren."

Laura lächelte zaghaft. Herr Johann schaute sie nachdenklich an.

„Mir ging es ähnlich, als ich jung war", sagte er, „ich habe viel Klavier gespielt und mein Klavierlehrer hat mich immer ermutigt, zu einem Vorspielen zu gehen, aber ich habe mich nicht getraut." Laura schaute ihn mit großen Augen an.

„Aber wohl gefühlt habe ich mich damit nicht", fuhr Herr Johann fort, „ich wollte doch gerne Menschen mit meiner Musik glücklich machen und mich nicht verstecken. Und eines Tages nahm ich meinen Mut zusammen und machte bei einem Klaviervorspiel mit. Da war ich ein wenig älter als du."

„Und wie war es?", fragte Laura neugierig.

„Ich habe mich ein paar Mal verspielt", sagte Herr Johann lächelnd, „aber das machte nichts. Da habe ich gemerkt, wie schön es ist, wenn man die Musik jemandem schenken kann. Wenn jemand zuhört."

Laura hing wie gebannt an seinen Lippen.

„Vielleicht möchtest du auch anderen Menschen deine Geschichten schenken?", sagte Herr Johann und sah Laura freundlich an.

Laura nickte langsam.

„Und wenn sie mich auslachen?", fragte sie zweifelnd.

„Man braucht ein bisschen Mut, aber es gibt nichts Schöneres, als der Welt etwas ganz eigenes zu schenken. Wenn dann jemand lacht, hat er das einfach nicht verstanden."

Laura nickte nochmals. Sie fühlte, dass das richtig war, was Herr Johann sagte.

„Ich werde mich zum Vorlesen anmelden", sagte sie plötzlich und fühlte sich fast ein wenig schwindlig vor Mut. Sie fügte zaghaft hinzu: „Es können auch Erwachsene kommen, hat die Lehrerin gesagt."

Herr Johann nickte lächelnd und sagte: „Gut, dann sag mir bald, wann es statt findet. Wenn du nichts dagegen hast, komme ich sehr gerne."

Zwei Wochen später war Laura schon ganz aufgeregt, als sie sich in der Aula ihrer Schule umschaute. In wenigen Minuten sollte das Vorlesen beginnen. Die Lehrerin hatte erklärt, dass es kein Wettbewerb sei und niemand einen Preis bekommen würde, und das hatte Laura etwas beruhigt. Trotzdem betrachtete sie etwas ängstlich die vielen Eltern und Großeltern, die in den großem Raum hinein strömten und sich einen Platz suchten. Auch ihre Eltern waren dabei. Sie entdeckten sie gerade und winkten ihr zu. Und da sah sie auch Herrn Johann. Laura freute sich, dass er gekommen war.

Marlene sah sie von weitem und sprang zu ihr hin. „Ich bin so aufgeregt, du auch?", sagte sie und umarmte sie. Marlene hatte eine sehr kurze Geschichte geschrieben, sich aber trotzdem zum Vorlesen gemeldet. Es sollten 13 Geschichten vorgelesen werden. Laura hatte die Nummer 12 und Marlene die Nummer 13. Das bedeutete, dass sie lange warten mussten, bis sie dran kamen.

Laura setzte sich zusammen mit Marlene an den Rand der Bühne und sie hörten den Geschichten zu. Es gab lange und kurze Geschichten, welche mit Tieren und Elfen und Hexen oder nur mit Menschen. Es gab Geschichten von Spiel und Freundschaft und von Reisen in fremden Ländern.

Nach mehr als einer Stunde war Laura an der Reihe. Sie drückte Marlene aufgeregt die Hand und ging mit ihrem Text auf die kleine Bühne.

Sie sah die anderen Schüler aus ihrer Klasse und auch all die Erwachsenen vor ihr sitzen. Die Lehrerin nickte ihr aufmunternd zu.

„Ich lese eine Geschichte vom Klavier spielen", sagte Laura leise und etwas zögernd. Sie hob kurz ihren Blick von ihren Blättern und sah überall freundliche Gesichter, die sie gespannt ansahen.

Laura fing an. „Es war einmal ein Junge, der Klavier spielen liebte, aber er wollte nicht, dass jemand ihm zuhörte...", sagte sie schon lauter. Laura hatte in den letzten zwei Wochen das

Vorlesen geübt und war nun viel sicherer geworden. Sie hatte gar keine Angst mehr, dass jemand lachen würde. Sie wollte gerne all diesen Menschen diese Geschichte vorlesen, und ganz besonders wollte sie sie Herrn Johann vorlesen. Denn diese Geschichte hatte sie für ihn geschrieben, weil er ihr Mut gemacht hatte. Während sie vorlas, war es ganz still im Saal.

Als sie fertig war, klatschten ihre Eltern, Herr Johann und fast alle anderen begeistert, so dass Laura erst mal ganz rot wurde und schnell von der Bühne ging. Ihre Lehrerin umarmte sie herzlich und sagte: "Das war eine wunderschöne Geschichte, Laura."

„Ich hätte sie fast nicht vorgelesen", sagte Laura noch ganz aufgeregt.

„Wie schön, dass du es doch gemacht hast, sonst hätten wir etwas Tolles verpasst", sagte die Lehrerin lächelnd.

Laura saß neben der Bühne und war sehr erleichtert und glücklich. Niemand hatte gelacht oder sich über sie lustig gemacht. Sie war sehr froh, dass sie sich getraut hatte. Marlene ging als nächste auf die Bühne und Laura hörte zu, wie Marlene eine seltsame Geschichte von einer verloren gegangenen Kokosnuss, die auf Reisen ging, erzählte. Auch hier klatschten alle Zuhörer begeistert.

Die Lehrerin ging nochmal als Letzte auf die Bühne, um allen zu danken, dann war das Vorlesen vorbei. Laura schlüpfte durch die Reihen hindurch, um Herr Johann zu begrüßen. Er strahlte sie an und sagte: „Danke, liebe Laura, das war ja meine Geschichte, die du erzählt hast." Er räusperte sich und sagte gerührt, „das freut mich sehr."

„Und nächstes Mal, wenn ich zum Klavier spielen komme, erzähle ich Ihnen noch die Geschichte mit den Eichhörnchen weiter", sagte Laura glücklich.

„Das möchte ich unbedingt", sagte Herr Johann.

Feli hat überhaupt nichts vor!

„Aber was mache ich denn, wenn ich meine Freundinnen nicht mehr sehen darf?", fragte Feli empört. Sie hatte ihre Arme in die Hüften gestemmt und sah ihre Mutter wütend an.

„Es geht doch nur um ein paar Wochen", sagte die beruhigend und seufzte, „wir müssen verhindern, dass dieses Virus sich weiter ausbreitet. Die Schulen müssen für eine Weile geschlossen bleiben."

„Blödes Corona", rief Feli und setzte sich mit verschränkten Armen auf den Küchenstuhl, „mir macht die Schule Spaß! Da treffe ich Leni und Sam und die anderen." Ihr Gesicht war vor lauter Zorn ganz rot geworden.

„Und nachmittags darf ich auch keinen Besuch bekommen?", fragte Feli weiter. Ihre Mutter schüttelte den Kopf: „Nur für ein paar Wochen, mein Schatz." Sie sah Feli liebevoll an und fing dann an, Gemüse für das Abendessen zu schneiden. „Aber mach dir keine Sorgen, wir machen es uns hier schön." Sie lächelte Feli aufmunternd zu. Doch sich aufmuntern lassen war das Letzte, was Feli jetzt wollte.

Es war wirklich zum Karotten essen! Als Feli an diesem Morgen die letzte Stunde gehabt hatte, war die Lehrerin spät in die Klasse gekommen und hatte die Neuigkeit verkündet: Es würde vorläufig keine Schule mehr geben! Erst hatten alle gejubelt. Dann war schnell klar geworden, dass man doch weiter lernen sollte, nur eben alleine daheim. Das fand Feli aber ziemlich doof. Wenn sie nicht mit ihren Freundinnen lernen konnte, würde sie einfach gar nichts lernen! Pffft, erst wird man gezwungen, in die Schule zu gehen, dachte sie empört, und dann wird man gezwungen, nicht hinzugehen. Die sollen sich mal überlegen, was sie wollen!

Feli ging in ihr Zimmer, warf sich auf ihr Bett und fühlte sich schrecklich elend.

Später kam ihre Mutter in ihr Zimmer, um sie zum Abendessen zu rufen. Aber Feli wollte kein Abendessen. Eine Stunde später grummelte es heftig in ihrem Bauch. Dass man aber auch so Hunger haben muss, dachte Feli und ärgerte sich schon wieder, diesmal über das Grummeln in ihrem Bauch.

Also ging sie zum Kühlschrank und aß ein paar Löffel Joghurt. Und dann noch einen Apfel und zwei Kekse. Und dann noch ein paar Löffel der Gemüsepfanne, die ihre Mutter vorhin gekocht hatte.

Am nächsten Morgen, es war Samstag, telefonierte Feli ausgiebig erst mit Sam und dann mit Leni. Leider durften die beiden wie Feli keine Freunde treffen, was sie auch ziemlich blöd fanden. Feli ging zu ihren Eltern in die Küche und sagte: „Ich mache jetzt Urlaub von der Schule."

Ihre Mutter blickte sie verblüfft an. „Was meinst du damit? Du darfst doch sowieso nicht hingehen."

„Solange ich meine Freundinnen nicht sehen darf, will ich auch nichts lernen", erklärte Feli und streckte ihre Nase in die Höhe.

Ihre Eltern schauten sich an. Sie arbeiteten beide jeden Tag im Krankenhaus und kamen immer zu unterschiedlichen Zeiten nach Hause. Sie hatten nur wenig Zeit, Felis Aufgaben zu beaufsichtigen.

„Wenn du das so möchtest, mein Schätzchen", sagte der Vater, „was willst du dann den ganzen Tag machen?"

„Vielleicht mache ich einfach nichts", sagte Feli.

Die Mutter nickte und sagte: „Eine Weile ist nichts schön. Aber dann wird es anstrengend. Willst du nicht doch ein klitzekleines bisschen deine Aufgaben machen? Oder möchtest du zu Oma fahren und eine Woche bei ihr bleiben?"

„Erst einmal versuche ich es mit nichts, und ich bleibe lieber hier", erklärte Feli und ging wieder in ihr Zimmer.

Der erste Tag war noch einfach. Feli frühstückte mit ihren Eltern und winkte zum Abschied, als sie zur Arbeit wegfuhren. Manchmal mussten sie auch am Sonntag arbeiten. Dann machte sie in der Reihenfolge: Zeichentrickfilme schauen, Müsli essen, nochmal Zeichentrickfilme schauen, Schokolade essen, ein Buch suchen, von dem sie nicht mehr wusste, wo es war, mit Leni telefonieren, eine Stunde lang den Kater streicheln, der auf ihrem Bett ein Schläfchen hielt, und dann sortierte sie die Lippenstifte ihrer Mutter nach der Farbe.

„Danke", sagte ihre Mutter, als sie nach Hause kam, „war das Nichtstun anstrengend?"

„Kein bisschen", sagte Feli.

Am zweiten Tag machte sie das gleiche wie am ersten Tag, nur dass sie diesmal mit Sam telefonierte und ihre Kinderlieder-Cds sortierte.

„Wie läuft das Nichtstun?", fragte ihr Vater, als er nach Hause kam.

„Sehr gut läuft es", sagte Feli.

„Möchtest du vielleicht mit mir die Aufgaben anschauen, die deine Lehrerin geschickt hat?", fragte er freundlich.

„Lieber nicht", sagte Feli.

Am dritten Tag hatte Feli keine Lust mehr auf Zeichentrickfilme und selbst die Schokolade schmeckte nicht mehr. Feli lag auf dem Sofa im Wohnzimmer, guckte in die Luft und langweilte sich. Sie sah auf die Uhr. Noch sieben Stunden, bis ihre Mutter wieder von der Arbeit nach Hause kommen würde. Was sollte sie denn solange tun? Die Aufgaben der Schule, die die Mutter am Abend zuvor auf den Küchentisch gelegt hatte, wollte Feli lieber ignorieren.

Da klingelte es an der Wohnungstür. Es war Frau Henrietta von nebenan, eine weißhaarige ältere Dame, die immer zusammen mit Herrn Jericho, ihrem kleinen dicken Dackel, unterwegs war. Herr Jericho hieß Herr Jericho, weil er sehr laut jaulen konnte, wenn er eine hübsche Dackeldame sah. Aber jetzt stand Frau Henrietta ganz alleine vor der Tür.

„Ach Feli", sagte sie und rang aufgeregt ihre Hände, „Herr Jericho ist verschwunden. Ich bin nur kurz in den Schuppen gegangen, da muss er aus dem Haus entwischt sein. Kannst du mir suchen helfen?"

„Klar", sagte Feli und ihre Laune besserte sich schon ein bisschen. Sie zog ihre Schuhe an und rannte los. Schon nach zehn Minuten fand sie Herrn Jericho, der geduldig vor der Metzgerei saß und die Käufer, die herauskamen, mit Dackelblick um eine kleine Wurst bat. Feli ging in die Metzgerei und kaufte eine Wurst für Herrn Jericho.

„Das ging aber schnell", sagte Frau Henrietta froh, als Feli nach kurzer Zeit samt Hund wieder bei ihr klingelte. Herr Jericho wedelte mit dem Schwanz und freute sich auch. Frau Henrietta war so glücklich, dass sie Feli ein Eis anbot.

Dann lag Feli wieder eine Weile auf dem Sofa und langweilte sich. Es klingelte erneut an der Tür. Diesmal war es der alte Herr Schnabel von gegenüber.

„Hallo Feli", sagte er, „ich habe dich gerade mit dem Hund gesehen und dachte, vielleicht kannst du mir auch helfen", sagte er freundlich.

„Bei was denn?", fragte Feli.

„Ich brauche etwas vom Laden, aber ich kann nicht mehr einkaufen gehen, wegen Corona", sagte Herr Schnabel, „kannst du mir Eier, Brot und eine Zucchini kaufen?"

Also ging Feli los und kaufte alles für Herr Schnabel ein. Es war auch geschickt, einkaufen zu gehen, denn Feli besorgte sich auch ein Rosinenbrötchen und neuen Kakao, der war nämlich alle. Für den Einkauf bedankte Herr Schnabel sich überschwänglich und gab Feli ein Zwei-Euro-Stück.

Als ihre Mutter heimkam, fragte sie: „War es sehr langweilig heute?"

„Überhaupt nicht", antwortete Feli.

Am nächsten Tag trank Feli einen Kakao und wartete darauf, dass wieder jemand an der Haustür klingelte. Aber Pustekuchen! Niemand kam vorbei. Feli überlegte ein bisschen, dann hatte sie eine richtig gute Idee! Sie würde einen Erledigungs-Service für alle ihre Nachbarn anbieten!

Feli war plötzlich Feuer und Flamme und holte Papier und einen Stift und schrieb auf mehrere Blätter: „Erledigungs-Service von Feli – Ich suche für Sie Ihren Hund und gehe einkaufen! Bitte bei Feli klingeln". Feli ging aus dem Haus und klebte die Zettel an die Bäckerei, die Metzgerei, zwei Laternenmasten und den Einkaufsladen. Als sie wieder zu Hause war, klingelte es schon nach zwei Minuten an der Tür.

Frau Holzapfel stand vor der Tür. „Feli, stimmt das, dass du alles Mögliche erledigst? Würdest du ein bisschen meine Welpen bei mir im Garten beaufsichtigen, während ich die Gartenarbeit mache? Die laufen mir sonst immer nur zwischen den Beinen rum." Feli ging also zwei Stunden zu Frau Holzapfel und spielte mit einem Wurf junger Dalmatiner. Sie fand, dass die kleinen Dalmis, wie Frau Holzapel sie nannte, die süßesten verspieltesten Hunde waren, die sie je gesehen hatte. Als sie wieder daheim war, wartete schon Frau Loretto vor der Tür.

„Ah, da bist du ja! Kannst du vielleicht kurz auf meine Kleine aufpassen, ich muss zum Arzt", fragte Frau Loretto. Feli nickte und baute mit der 4jährigen Noemi im Sandkasten in ihrem Garten eine große Burg.

Feli hatte jetzt keine Zeit mehr, sich zu langweilen. Jeden Tag klingelten ihre Nachbarn bei ihr und freuten sich, wenn sie bei kleinen Erledigungen zur Hand ging. Sie half ein Auto zu waschen, eine Katze vom Baum runter zu holen und sie brachte Kekse in das Altenheim am Ende der Straße. Sie führte Hunde aus, begleitete einen sogar zum Hundefriseur, spielte Kasperletheater für den kleinen Jonas und schrieb einen Brief für Frau Meier. Sie half auch Marmelade einzumachen und bekam ein großes Glas Erdbeermarmelade dafür. Noch öfters bekam sie ein gutes Stück Kuchen oder einen heißen Kakao. Und manchmal sogar ein wenig Geld.

Nach einer Woche fragte Felis Mutter, als sie heimkam: „Wird dir das Nichtstun nicht allmählich zu langweilig, mein Schätzchen?" Feli hatte sich gerade auf das Sofa im Wohnzimmer hingelegt. Sie war den ganzen Tag unterwegs gewesen.

Feli überlegte und antwortete: „Ich glaube, gar nichts zu tun ist doch nichts für mich." Sie hatte ihren Eltern immer noch nichts von ihrem Erledigungs-Service erzählt.

„Sollen wir zusammen in deine Aufgaben von der Schule reinschauen?", fragte ihre Mutter. Feli setzte sich also mit ihrer Mutter hin und las die erste Aufgabe in Deutsch. Da stand: „Suche dir ein Projekt aus, dass du über mehrere Tage machen kannst. Es kann mit Menschen, Tieren oder der Umwelt zu tun haben. Dann schreibe auf zwei bis drei Seiten alles auf, was du bei deinem Projekt erlebt und gelernt hast."

Feli lächelte. „Ich weiß, über was ich erzählen möchte", sagte sie ihrer Mutter und schrieb ganz oben auf eine neue Seite: „Erledigungs-Service von Feli". Da hatte sie einiges zu berichten. In den letzten Tagen war ihr deutlich klar geworden: man bekommt viel bessere Laune und es macht viel mehr Spaß, etwas zu machen als sich alleine zu langweilen. Vor allem, wenn es zusammen mit anderen Menschen tun kann.

Nüsse für Wuschel!

Als Wuschel seinen Lieblingsbaum, den großen Walnussbaum, hochkletterte, freute er sich über den schönen Morgen. Es war Herbst, und die meisten der großen Blätter waren schon zu Boden gefallen. Doch die Sonne blitzte durch die Zweige hindurch und ließ den Tau auf den übrig gebliebenen Blättern glitzern. Wuschel blickte suchend an den Bäumen, die um ihn standen, hinunter. Er hatte schon früh fleißig Nüsse gesammelt und sah sich um, um ein gutes Versteck für sie zu finden. Zwischen den beiden Birken, unter dem Haselstrauch, beschloss er. Er kletterte schnell den Walnussbaum wieder herunter, um seine Nüsse zu holen, die er am Fuß des Baumes kurz alleine gelassen hatte.

Doch da waren keine Nüsse mehr. Wuschel sah sich in Panik um. Im selben Moment flitzte etwas Braunes an ihm vorbei und kletterte schnell den Baum hoch.

„Hallo Wuschel", fiepte da eine bekannte Stimme, „sie sind da drüben."

„Wer ist da drüben?", fragte Wuschel verwirrt, „bist du es, Pips?"

„Na, deine Nüsse", rief Pips und verdrehte die Augen, „Murmel und Hops haben deine Nüsse geklaut. Wenn wir sofort los klettern, holen wir sie noch ein." Weiter entfernt im Gebüsch konnte man Getuschel und Gescharre hören. Pips sprang auf den nächsten Baum und wollte schon die Verfolgungsjagd aufnehmen. Doch Wuschel rührte sich nicht.

„Los, komm schon", rief Pips, ihre Eichhörnchenohren wackelten vor Aufregung, „sonst sind sie verschwunden, und deine Nüsse siehst du nie wieder."

Doch Wuschel stand wie festgeklebt da, nur sein Schwanz wackelte hin und her. Dann sah er zu Boden. „Sie sind sowieso schon weg", sagte er bedrückt und drehte sich von Pips weg. Pips sprang zu ihm hin und baute sich vor ihm auf.

„Was ist denn los mit dir?", fragte sie empört, „das war schon das dritte Mal diesen Monat, dass sie dir deine Nüsse klauen, und du lässt dir das einfach gefallen?"

Wuschel schnappte sich einen Tannenzapfen und fing an, darauf zu nagen, um nicht antworten zu müssen. Er fühlte sich so niedergedrückt, dass er am liebsten gleich wieder in seinen Kobel gegangen wäre.

„Aber was soll ich denn tun?", schluchzte er verzweifelt und ließ seinen Zapfen fallen. Tränen fielen ihm aus den Augen. „Murmel und Hops sind ja älter als ich, und schneller."

„Als sie meine Nüsse klauen wollten, habe ich sie ihnen aus den Pfoten gehauen und so lange gekreischt, bis alle Hörnchen der Umgebung angeflitzt kamen", erinnerte sich Pips zufrieden.

„Aber ich will nicht kreischen, da kriege ich Ohrenweh", sagte Wuschel traurig und auch ein bisschen trotzig, „ich will nur in Ruhe meine Nüsse sammeln."

Pips schüttelte den Kopf und sah Wuschel an. „Wir sollten bald eine Idee bekommen, wie wir ihnen das Stehlen austreiben können", sagte sie, kletterte schnell die Birke hoch und war auch schon verschwunden.

Am Abend schlüpfte Wuschel immer noch niedergeschlagen in seinen Kobel hoch oben zwischen den Zweigen einer Erle. Seine Großmutter Nana war schon da und war gerade dabei,

den Kobel mit ihrem Schwanz auszufegen und von Nussscha-
len und Ameisen zu befreien. Wuschel ging schnell, ohne Nana
anzuschauen, zu seiner Schlafecke. Hier befanden sich auch
seine Schätze. Das Wertvollste für Eichhörnchen sind natürlich Nüsse, aber diese werden niemals im Kobel aufbewahrt.
Man vergräbt sie an einem geheimen Platz. Aber es gibt auch
anderes Wertvolles. Wuschel gefiel am besten die kleine Taschenlampe, die er mal auf einem Weg im Wald gefunden hatte. Wenn er auf einen Knopf drückte, wurde es auf einmal ganz
hell im Kobel. Wuschel setzte sich hin, holte sie hervor und
knipste sie an und wieder aus. Dabei dachte er an seine Nüsse,
an Murmel und Hops und was Pips heute Morgen gesagt hatte. Sie würden eine Idee brauchen, hatte sie gesagt. Wuschel
war wirklich froh, dass Pips seine Freundin war.

„Wie geht es dir, mein kleiner Wusch?", fragte Nana plötzlich.
Sie hatte sich neben ihm gesetzt. „Pips hat mir erzählt, was
heute passiert ist."

„Ich weiß nicht, was ich tun soll", sagte Wuschel leise. Seine
Großmutter nickte bedächtig mit dem Kopf und sah Wuschel
an.

„Murmel und Hops werden immer frecher. Gestern haben sie Emilys Kobel ausgeräumt und ihren hübschen Spiegel gestohlen. Sie hat sich vorhin bei mir fast die Augen ausgeweint."

„Die sind so gemein", sagte Wuschel fassungslos.

„Mein kleiner Wusch", sagte Nana, „du musst etwas unternehmen. Du musst den Mut finden, die beiden in die Schranken zu weisen."

Wuschel sah seine Nana verzweifelt an. Ihre grauen Bartspitzen vibrierten, als sie weiter sprach: „Wünsche dir heute Nacht einen Muttraum, der wird dir eine Idee geben, wie du vorgehen musst." Nana strich Wuschel über sein Köpfchen und flitzte schnell wieder auf die andere Seite des Kobels.

Ein Muttraum, dachte Wuschel, der sich auf einmal sehr müde fühlte. Ich wünsche mir einen Muttraum und Ideen, wie ich... Doch er war so müde, dass er nicht weiter darüber nachdenken konnte. Zusammengerollt wie eine Schnecke in ihrem Häuschen fiel er sofort in einen tiefen Eichhörnchen-Schlummer.

In seinem Traum sprang er von Zweig zu Zweig, es war Frühling, er fühlte sich so nussig fröhlich wie schon lange nicht mehr, da sprang plötzlich ein dicker Kater direkt vor seine Nase und fauchte ihn warnend an.

Wuschel wachte in Panik auf. Er rieb sich die Äuglein, bis er wieder ganz wach war. Sollte das schon der Muttraum gewesen sein? Er sah, dass der Morgen schon dämmerte und schlüpfte schnell aus dem Kobel auf einen Ast. Eine Idee sollte mir der Traum geben, überlegte Wuschel ratlos, nur was für eine? Er hatte ja nur von einem fauchenden Kater geträumt.

Er sprang auf ein paar Ästen hin und her und überlegte, und plötzlich machte es „Pling" in seinem Kopf.

Ganz aufgeregt sprang er zurück in den Kobel, in dem seine Großmutter noch schlief.

„Nana", rief er, „ich habe wirklich eine Idee! Wie du gesagt hast! Murmel und Hops werden nie mehr meine Nüsse stehlen!" Er drehte sich vor Begeisterung drei Mal um sich selbst.

„Sehr gut, mein kleiner Wusch", murmelte seine Großmutter und lächelte mit geschlossenen Augen, „und jetzt lass mich noch ein klein wenig schlafen."

Wuschel eilte davon und kletterte und sprang weiter zu der großen Eiche, auf der Pips ihren Kobel hatte.

„Pips", fiepte er laut, „Pips, wach auf! Ich habe eine Idee." Da landete plötzlich eine Eichel auf seinem Kopf. Er schaute nach oben. Da sprang Pips schon auf den Ast direkt über ihn.

„Voll getroffen", sagte sie, kicherte und bewarf ihn nochmal. Wuschel konnte sich gerade noch ducken.

„Hör auf, Pips", sagte Wuschel, „ich weiß, was wir machen können, damit Murmel und Hops mich in Ruhe lassen." Pips ließ die nächste Eichel, die sie auf ihn werfen wollte, sinken und sah Wuschel erwartungsvoll an.

„Wir werden ihnen einen so großen Schreck einjagen", sagte Wuschel aufgeregt, „ dass sie nie wieder Nüsse klauen."

„Pff, darauf bin ich auch schon gekommen", sagte Pips, „aber wie sollen wir sie erschrecken?"

„Dazu brauche ich deine Hilfe. Wir machen das so..." Und Wuschel erzählte Pips von seinem Plan, der in den vergangenen Minuten in seinem Kopf entstanden war. Pips legte den Kopf schräg.

„Gar keine schlechte Idee. Es kann einiges schief gehen, aber wahrscheinlich funktioniert es", sagte sie und sah Wuschel an. Wenn er sich nicht irrte, sah sie sogar ein bisschen beeindruckt aus. Wuschel war so aufgeregt, dass er kurz den Baum hoch- und wieder runterflitzte.

„Wann sollen wir loslegen?", fragte er Pips, als er wieder zu ihr hin sprang.

„Gleich morgen", sagte Pips entschlossen, „ganz früh." Wuschel grinste Pips glücklich an. Er hatte gewusst, auf Pips war Verlass.

Am nächsten Morgen, es war noch fast ganz dunkel, waren Murmel und Hops gerade aus ihrem Kobel geklettert und ein paar Bäume weiter gesprungen. Da stieß Murmel Hops an. War da nicht ein ganzer Haufen Nüsse am Fuß der Birke? Und niemand bewachte diesen Schatz. Sie sahen sich fragend an und Murmel grinste: „Ich hätte gedacht, dass Wuschel jetzt besser auf seine Nüsse aufpasst."

„Egal", sagte Hops gierig, „die schnappen wir uns." Die beiden sprangen näher und jeder nahm sich eine Nuss, um sie gleich in ihr geheimes Versteck zu bringen. Schnell sprangen sie wieder herbei, um die nächsten Nüsse mitzunehmen. Da kam hinter der Birke plötzlich ein riesiger Katzenkopf zum Vorschein. Die Augen leuchteten grell, und das Maul war geöffnet, so dass man die großen Fangzähne sehen konnte. Murmel und Hops ließen vor Schreck die Nüsse fallen und schrien auf.

„Wer klaut denn hier Nüsse, die ihm nicht gehören?", fragte eine tiefe Stimme, die vom Kopf zu kommen schien. Sie war so laut, dass Murmel und Hops weiter zurück wichen.

„Äh, wir nicht", sagte Murmel mit zittriger Stimme. Hops schüttelte eifrig den Kopf.

„Ganz bestimmt nicht", echote er.

„Genau das möchte ich euch raten", sagte der furchterregende Katzenkopf und blitzte nochmal mit seinen Augen. „Ab jetzt sammelt ihr eure Nüsse selbst, habt ihr verstanden?" Murmel und Hops nickten ängstlich.

„Sonst", sagte die Katze noch lauter, „werdet ihr meine Krallen spüren!" Murmel und Hops klammerten sich fest aneinander und zitterten vor Angst.

„Ihr bringt alles zurück, was ihr in den letzten Wochen gestohlen habt", fuhr die schreckenerregende Katze fort.

„Das machen wir", piepste Hops, „versprochen!"

„Und jetzt verschwindet", rief die Katze und wackelte mit dem Kopf. Murmel und Hops ließen sich das nicht zwei Mal sagen. Sie stoben davon, so schnell Hörnchen das nur können.

„Puhh", sagte Pips erleichtert und ließ die große Katzenmaske zu Boden sinken, die sie hochgehalten hatte, „ich konnte die Maske am Ende fast nicht mehr halten." Sie und Wuschel kamen hinter der Birke hervor, sahen sich an und mussten so laut lachen, dass sie schon Angst hatten, dass Murmel und Hops sie hören würden.

„Das war eine tolle Idee mit der Katzenmaske", sagte Pips noch kichernd.

„Zum Glück war ich dabei, als du sie letztes Jahr gefunden hast", sagte Wuschel strahlend, „wenn man mit der Taschenlampe durch die Augen leuchtet sieht es richtig gruselig aus."

Pips nickte grinsend.

„Zum Glück ist mir nie so ein Ungeheuer erschienen", sagte sie. Wuschel hob das kleine Megafon hoch.

„Gut, dass wir Nanas Megafon nehmen konnten", sagte er zufrieden, „sonst hätten sie uns das vielleicht nicht abgenommen." Wuschel überlegte. „Pips, meinst du, dass es Murmel und Hops jetzt schlecht geht?"

„Ach was", winkte Pips ab, „die stecken das schon weg. Wir mussten ja irgendetwas tun, damit sie aufhören. Auf alle anderen haben sie ja nicht gehört. Aber du musst dir jetzt keine Sorgen mehr um deine Nüsse machen." Wuschel schaute Pips sehr zufrieden an.

Als Wuschel später zurück zu seinem Kobel ging, saß seine Großmutter davor und sah ihm mit einem großen Lächeln entgegen. Sie sprang zu ihm und wuschelte ihm über die Ohren.

„Gut gemacht, mein kleiner Wusch", sagte sie, „die Geschichte macht schon die Runde bei allen Hörnchen der Umgebung."

„Was?", entfuhr es Wuschel, „wissen sie, dass wir es waren?" Seine Nana kicherte.

„Nein, natürlich nicht. Sie erzählen überall, dass sie einer Monsterkatze begegnet sind und sie besiegt haben." Wuschel sah verblüfft drein. Nana sagte: „Wenn sie ihren Spaß dabei haben, anzugeben, soll mir das recht sein. Hauptsache, dass du jetzt deine Nüsse behalten kannst." Sie lächelte ihn an.

Wuschel nickte: „Und ich habe keine Angst mehr", sagte er zufrieden, „das ist fast noch besser, als meine gestohlenen Nüsse wieder zu bekommen."

Amelie und die Tiere

Wo blieb denn nur immer die Zeit? Amelie ging morgens immer rechtzeitig aus dem Haus, um zur Schule zu gehen. Ihre Mutter brachte sie zur Tür, gab ihr noch einen Kuss zum Abschied und eigentlich brauchte sie nur zehn Minuten für ihren Schulweg. Ja, eigentlich...und doch war Amelie meistens die Letzte in ihrer Klasse, die die Treppe in der Schule rauf rannte, um noch schnell ins Klassenzimmer zu schlüpfen, bevor die Lehrerin die Tür öffnete. Manchmal kam sie sogar ein oder zwei Minuten zu spät und ging mit rotem Kopf schnell zu ihrem Tisch, wo ihre Freundin Lea schon auf sie wartete.

„Was war denn heute?", fragte Lea dann flüsternd.

„Ich weiß nicht", sagte Amelie entschuldigend, „ich habe nur einen Blick auf die Eichhörnchen im Park geworfen, dann war ich schon wieder zu spät."

Lea schüttelte verwundert den Kopf. Sie war die Beste der Klasse und war noch niemals zu spät in die Schule gekommen. Wenn sie nicht am entgegengesetztem Ende der Straße gewohnt hätte, hätte Lea Amelie morgens abgeholt und wäre mit ihr zusammen zur Schule gegangen. Aber so musste Amelie alleine gehen.

Das Problem war nicht, dass sie langsam ging, nein, sie ging eilig mit der festen Absicht, als eine der ersten die Schule zu erreichen. Sie versuchte es immer wieder. Es gelang ihr nur nicht.

Und das lag daran, dass Tiere sich von Amelie magnetisch an-gezogen fühlten! Wenn sie auf ihrem Weg nur einen kurzen Blick auf die Eichhörnchen werfen wollte, die am Rande des Parks lebten, kam ein Hörnchen vom Baum runter geklettert, sprang ihr auf die Schulter und wuselte ein wenig in ihrem Haar herum. Natürlich musste sie dann warten, bis das Eich-hörnchen fertig war. Das wäre sonst sehr unhöflich gewesen.

Ein andermal kam ein großer Labrador angerannt und forder-te sie freundlich auf, seinen Stock zu werfen. Und dann holte er ihn begeistert zurück und fragte Amelie schwanzwedelnd wieder. Amelie brachte es nicht übers Herz, den Hund einfach stehen zu lassen und warf den Stock viele Male. Und so war sie wieder zu spät!

Auch heute war Amelie atemlos in ihr Klassenzimmer geschlüpft. Frau Rosenthal war gerade dabei, eine Karte auszurollen, bei der man alle Flüsse Deutschlands sehen konnte, und hatte zum Glück nicht bemerkt, dass sie zu spät war.

Lea fragte sie leise: „Wen hast du heute getroffen?".

Amelie flüsterte zurück: „Ein Katze wollte mir ihre Jungen zeigen. Die waren unglaublich süß." Lea sah Amelie lächelnd an. Früher hatte sie manchmal gedacht, dass Amelie flunkerte, wenn sie von ihren Tiergeschichten erzählte. Aber nachdem sie es selbst erlebt hatte, wie Spatzen sich zutraulich auf Amelies Arm niederließen und sich wild kläffende Köter in sanfte Hundchen verwandelten, glaubte sie ihr.

Amelie lächelte zurück, erleichtert, dass sie einer Standpauke von Frau Rosenthal entgangen war. Aber das sollte der einzige Moment in der Schule sein, an dem heute alles gut lief.

In der nächsten Stunde in Mathe schrieben sie einen Test. Amelie hatte sogar dafür gelernt, trotzdem wollte ihr diese eine blöde Rechenmethode, die sie durchgenommen hatten, nicht mehr einfallen. Als sie den Test abgab, hatte sie höchstens die Hälfte der Aufgaben gelöst.

„Nächstes Mal lerne ich wieder mit dir", sagte sie frustriert zu Lea, die natürlich alles gewusst hatte.

In der nächsten Stunde wurde es nicht besser. Sie hatten in Deutsch Gedichte durchgenommen und der kugelrunde Herr Schmidt fragte Amelie nach verschiedenen Reimformen. Sie stotterte und stammelte und musste dann zugeben, dass sie keine Ahnung hatte. Mündlich Note fünf!

Als Amelie dann in der nächsten Stunde, in Sport, drei Mal hintereinander vom Schwebebalken runter fiel, so dass alle lachten, und sie danach den Aufschwung am Reck nicht schaffte - ehrlich gesagt, hatte sie das noch nie geschafft – war sie richtig schlechter Laune.

Lea umarmte sie und wollte sie trösten: „Das ist doch nicht so schlimm. Diese Übungen braucht ja eigentlich sowieso niemand. Oder hast du schon mal einen Erwachsenen gesehen, der so was macht?" Sie grinste Amelie an. Das war nett von Lea, denn sie hatte den Aufschwung richtig gut hinbekommen und war auch nicht vom Schwebebalken gefallen.

Amelie saß mit verschränkten Armen da. Sport war vorbei und sie saßen noch einen Moment im Umkleideraum der Schule.

„Aber ihr könnt es alle und ich nicht", rief sie aus. Sie fühlte sich klein und dumm. „Auch Mathe habe ich nicht kapiert", fuhr sie fort, „und in Deutsch wusste ich heute gar nichts."

„Dann lass uns bald wieder zusammen lernen, ja?", schlug Lea ihrer Freundin vor. Ein paar Mal hatten sie das schon gemacht, und ein bisschen hatte es auch geholfen. Amelie nickte erleichtert und sah Lea an.

„Das wäre toll. Ich war ja noch nie gut in der Schule, aber jetzt..." Sie zögerte und sah unglücklich drein, als sie fortfuhr. „Es wäre furchtbar, wenn ich sitzen bleiben würde und wir nicht mehr zusammen in der Klasse wären."

„Dann strengst du dich jetzt mehr an, und ich helfe dir dabei", sagte Lea aufmunternd und lächelte Amelie an, während sie ihre Sachen packte.

Amelie nickte nicht sehr überzeugt. Sie nahm sich ja immer wieder vor, sich anzustrengen! Sie wollte ja eigentlich lernen, aber irgendwie war es immer so, als ob der Tag nicht genug Stunden hätte. Meist verflogen sie so schnell, dass sie nur gerade das Nötigste für die Schule schaffte. Sie las ein Buch und schon war Schlafengehzeit. Oder sie traf eine Entenfamilie am

Bach und schon rief ihre Mutter zum Abendessen. Und ihre Eltern waren auch keine große Hilfe. Ihr Vater sagte immer gut gelaunt: „Meine Kleine, das machst du schon. Man muss Mut zur Lücke haben." Und ihre Mutter hatte so viel mit ihrem Café zu tun, dass sie am Abend müde war und Amelie sie nicht um Hilfe fragen wollte.

Nach der letzten Stunde verabschiedete sich Amelie von Lea und ging langsam nach Hause. Sie ließ den Kopf hängen und fühlte sich elend.

Früher hatte es ihr nichts ausgemacht, dass sie in der Schule gerade so durchkam, aber jetzt? Irgendwie gab es nichts, in dem sie wirklich gut war. Maik konnte super auswendig lernen, Suse konnte toll Klavier spielen, Jonas war ein As in Tennis und in Aikido, Merle konnte schon drei Sprachen, und Lea konnte eigentlich alles ziemlich gut. Sogar Amelies Mutter glänzte mit einer besonderen Gabe: sie backte die köstlichsten Torten der ganzen Stadt. Deswegen war ihr Café auch immer so voll. Und was war es, worin sie gut war? In überhaupt gar nichts! Da konnte man schon mieser Laune werden.

Am nächsten Morgen, als sie in die Schule kam, war sie immer noch ziemlich schlechter Stimmung, obwohl das Eichhörnchen sie auf dem Schulweg ein bisschen aufgemuntert hatte.

„Du hast es gut", hatte Amelie zum Eichhörnchen gesagt, „du brauchst nicht in die Schule gehen und Arbeiten schreiben."

Das Eichhörnchen hatte gefiept und ganz leicht an ihrem Finger geknabbert.

In der ersten Stunde hatten sie heute Deutsch bei Herr Schmidt. Doch als der Gong zum Beginn der Stunde ertönte, war er noch nicht da. Statt dessen hörte man Getrappel im Gang, gefolgt von lautem Rufen und einem spitzen Schrei. Neugierig tuschelnd lauschten die Schüler an der Tür. Lea machte sie schließlich auf und streckte vorsichtig den Kopf hinaus. Ein paar andere Schüler linsten ebenfalls über ihre Schulter in den Gang.

Auf der anderen Seite des Ganges befand sich das Lehrerzimmer, dessen Tür normalerweise immer geschlossen war. Aber jetzt stand die Tür weit offen und Lea bot sich ein seltsamer Anblick: Frau Rosenthal stand kreidebleich auf einem Stuhl und sah zitternd nach unten. Panisch rief sie etwas in den

Raum hinein, was Lea nicht verstehen konnte. Herr Schmidt hielt Frau Rosenthals Hand ganz fest, damit sie nicht auf den Boden plumpste, und schaute ebenfalls besorgt zum Boden. Vor irgendetwas schienen die beiden große Angst zu haben.

Lea fragte einen älteren Schüler, der im Gang stand: „Was ist denn hier los?"

„Eine Ratte ist los", sagte er grinsend. Ihn schien das Ganze zu amüsieren.

Frau Rosenthal klammerte sich noch fester an Herr Schmidt und schrie laut: „Bringt sie hier rauuuus!" So hatte Lea Frau Rosenthal noch nie gesehen.

„Die haben Angst vor einer Ratte, verrückt!", sagte sie zu Amelie, die gerade zur Tür kam.

„Die Arme. Sie ist sicher furchtbar erschrocken, wenn Frau Rosenthal so brüllt", sagte Amelie besorgt. Ohne weiter darüber nachzudenken ging sie schnell hinüber ins Lehrerzimmer und blickte sich um.

In einer Ecke kauerte tatsächlich eine riesige graue Ratte, die wild um sich sah und große Angst zu haben schien. Ein Lehrer versuchte gerade, sie mit einem Besenstiel ins Offene zu drängen, um sie einzufangen. Amelie sprang schnell hin und schob den Besenstiel beiseite. Sie kniete auf dem Boden und sagte beruhigend: „Es ist alles in Ordnung. Die haben hier Angst vor dir, deswegen benehmen sie sich so komisch. Am besten kommst du schnell zu mir und ich bringe dich hier raus."

Die Ratte sah sie mit ihren grauen hübschen Augen einen Moment lang an und kam dann auf Amelie zu. Dann sprang sie mit einem Satz auf ihre Hand und kletterte schnell ihren Arm hoch. Dieser Anblick war wohl zu viel für Frau Rosenthal. Sie ließ nochmal einen lauten Schrei ertönen und sah Amelie fassungslos an.

Amelie rannte schnell aus dem Lehrerzimmer raus, den Gang entlang und die Treppe runter, bis sie draußen im Schulhof war. Die Ratte hatte es nun sehr eilig, von ihrer Schulter runter zu springen und ins Gebüsch zu entschwinden.

„Bleib lieber hier draußen", riet ihr Amelie noch und sah ihr nach. Sie war sehr zufrieden, dass sie dieser Ratte hatte helfen können.

Die letzte Stunde des Tages hatten sie bei Frau Rosenthal, die nun soweit wieder hergestellt war, dass sie unterrichten konnte. Sie trat etwas kleinlaut in die Klasse ein.

„Fiep fiep", sagte ein vorlauter Schüler, der grinsend eine Ratte imitieren wollte, was Frau Rosenthal mit einem strafenden Blick quittierte. Dann blickte sie zu Amelie.

„Vielen Dank, meine liebe Amelie, dass du die Ratte hinaus gebracht hast", sagte sie mit Wärme in der Stimme, „ich hatte furchtbare Angst."

„Die Ratte hatte auch große Angst", sagte Amelie.

„Äh ja, wahrscheinlich", sagte Frau Rosenthal und sah verlegen auf ihre Hände. „Erstaunlich, wie sie einfach zu dir kam. Das war sehr mutig von dir." Sie lächelte Amelie an.

„Das war doch gar nicht mutig, ich habe schließlich keine Angst vor Ratten", sagte Amelie und sah Frau Rosenthal verständnislos an. „Ich mag es nur, mit Tieren zusammen sein und meistens haben sie auch keine Angst vor mir, sondern mögen mich."

Frau Rosenthal nickte. „Nun, das ist ein außergewöhnliches Talent, Amelie", sagte sie nachdrücklich, „du bist ein ganz besonderes Mädchen."

Lea stieß Amelie an und kicherte. Amelie dachte nach: es war ihr noch nie eingefallen, ihren guten Draht zu Tieren als etwas Außergewöhnliches zu sehen. Aber es stimmte: niemand, den sie kannte, konnte mit Tieren so umgehen wie sie. Alle Tiere liebten und vertrauten ihr. Ihre Gabe hatte zwar nichts mit einem Schulfach zu tun und konnte nicht benotet werden, aber trotzdem war es etwas ganz Eigenes, in dem sie richtig gut war. Das hatte sie am Tag zuvor ganz vergessen, als es ihr so schlecht ging. Amelie musste lächeln. Jetzt machte es ihr nichts mehr aus, dass sie Mathe oft nicht verstand oder vom Schwebebalken fiel. Man konnte ja nicht überall die Beste sein. Und doch gab es etwas, wo sie ganz besonders war, und das freute sie sehr.

Franzi auf dem Pferdehof

Wie jeden Tag nach der Schule und dem Mittagessen daheim kam Franzi atemlos auf dem Pferdehof „Hufeisen" an. Atemlos war sie, weil sie mit ihrem Fahrrad so schnell fuhr, wie sie nur konnte, denn am liebsten wollte sie jede freie Minute des Tages mit den Pferden und Ponies dort verbringen.

„Hallo Ulrike", begrüßte sie strahlend die Leiterin des Pferdehofes. Ulrike gab ihr schon seit vier Jahren Reitunterricht. Sie und Peter, der Angestellte auf dem Hof, hatten Franzi alles über Pferde beigebracht, was sie wussten, und das war eine Menge. In diesem Moment war Ulrike gerade damit beschäftigt, Hafer in große Eimer für die Pferde zu schütten. „Magst du mir zur Hand gehen?", fragte sie lächelnd und schob Franzi zwei Eimer hin.

„Klar", sagte Franzi. Sie hatte bei der Fütterung schon oft geholfen. Sie wusste, welches Pferd Hafer liebte und manchmal versuchte, ihn von den anderen Pferden zu stibitzen. Sie wusste auch, welches Pferd über den Hafer nur die Nase rümpfte und lieber Heu mit vielen Kräutern fraß. Und sie wusste, wer sich für ein Stück Mandarine oder Birne sogar auf den Kopf gestellt hätte – wenn Pferde gekonnt hätten!

Franzi hatte immer viel zu tun, wenn sie auf den Pferdehof kam. Sie machte eine Runde über den Hof und begrüßte alle fünf Pferde und drei Ponies, und auch die Katze Miezi und den alten tauben Hund, der meist im Weg rumlag. Dann striegelte Franzi Pegasus und Gipsy, ihre beiden Lieblingspferde. Sie kämmte ihnen die lange Mähne und putzte ihre Hufen aus. Häufig machte sie mit einem der Pferde einen langen Spazierritt über die Felder. Sie gingen gemütlich im Schrittempo, das bevorzugte vor allem Gipsy. Pegasus fand es spannender, zu galoppieren und über die Wiesen und Feldwege zu rennen. Wenn die Schüler für den Reitunterricht kamen, half Franzi andere Pferde zu satteln und brachte sie in die Reithalle. Sie tröstete auch manchmal die jüngeren Reitschüler, wenn sie vom Pony gefallen waren und machte ihnen wieder Mut. Zwischendurch schaute sie Ulrike beim Reitunterricht zu oder fütterte die Pferde mit ein paar Karotten. Für Franzi gab es keinen schöneren Ort als den Pferdehof.

Nachdem Franzi Ulrike geholfen hatte, nahm sie zwei Eimer mit Hafer für Pegasus und Gipsy mit, die gerade auf der Weide bei der Linde grasten, öffnete das Gatter und stellte ihnen ihr Mittagessen hin. Natürlich fraßen die Pferde den ganzen Tag Gras, aber etwas Hafer war ein leckerer zusätzlicher Happen.

Pegasus war ein großer Schimmel mit einem schwarzen Auge. Er war freundlich und tollte sogar manchmal verspielt um Franzi herum, wenn er sie sah. Er konnte aber auch stolz und unnahbar sein und so tun, als wären andere Menschen Luft, wenn er sie nicht mochte. Gipsy, die kleinere schokobraune Stute, war gutmütig und mochte alle Menschen, vor allem, wenn sie ein attraktives Leckerchen für Pferde dabei hatten.

Doch heute wollte Gipsy nichts essen, sie kam nicht einmal zu Franzi, um sie anzustupsen, wie sie es sonst immer tat, sondern lag auf der Seite auf dem Boden. Franzi ging besorgt zu ihr hinüber und streichelte ihren Kopf. „Was ist mit dir, Gipsy?", sagte sie leise. Gipsy schnaubte nur kurz und sah weg. Franzi rannte zu Ulrike, die im Schuppen hantierte.

„Ich glaube, Gipsy ist krank", rief sie ihr zu, „sie liegt einfach so auf dem Boden. So habe ich sie noch nie gesehen!" Ulrike ließ alles stehen und liegen und lief mit Franzi zusammen schnell zur Koppel der beiden Pferde. Franzi wusste, dass erwachsene Pferde immer im Stehen schliefen und sich nur hinlegten, wenn es ihnen nicht gut ging.

„Wir müssen den Tierarzt holen", sagte Ulrike nach ein paar Minuten und zückte ihr Handy. „Siehst du, wie dick ihr Bauch ist? Sie hat heftige Blähungen. Sie könnte etwas Schlechtes gegessen haben."

Franzi nickte, kniete neben Gipsy und streichelte ihren Hals. „Es wird alles wieder gut, Gipsy", flüsterte sie, „versprochen!"

Als nach einer halben Stunde der Tierarzt kam, untersuchte er Gipsy und schüttelte dann den Kopf. „Wir müssen sie in die Tierklinik mitnehmen und noch weitere Untersuchungen machen", sagte er stirnrunzelnd, „mir gefällt nicht, wie apathisch sie ist."

Während Franzi zusah, wie der Tierarzt und Ulrike die Stute mühsam in einen Anhänger verluden, streichelte Franzi Pegasus über seine Mähne.

„Sie kommt bestimmt bald wieder, Pegasus", flüsterte sie ihm leise zu und lehnte sich an ihn. Sie fühlte sich, als müsse sie gleich weinen. Selbst Pegasus schien ernst drein zu schauen. Das gefiel ihm sicher nicht, dass seine beste Freundin nicht mehr da war und er nun alleine auf der Koppel stand. Aber mit einiger Anstrengung schluckte Franzi ihre Tränen runter.

„Komm, wir reiten aus, Pegasus", sagte Franzi betont fröhlich und holte das Zaumzeug und den Sattel. Das würde ihn erst mal ablenken, und sie selbst auch.

Am nächsten Tag kam Franzi direkt von der Schule zum Pferdehof. Zum Essen hatte sie sich morgens schon zwei Äpfel und ein Brot eingepackt, auch wenn sie keinen Appetit hatte. Sie fand Ulrike auf der Koppel bei Pegasus.

„Wie geht es Gipsy?", rief Franzi Ulrike zu. Sie hatte die ganze Nacht kaum schlafen können, so sehr hatte sie sich Sorgen gemacht.

„Sie ist immer noch in der Tierklinik. Wahrscheinlich hat sie ein paar Herbstzeitlose erwischt", erklärte Ulrike, „die sind sehr giftig für Pferde."

„Aber hier auf der Koppel sind doch keine, und Pferde mögen es nicht, weil es bitter ist", sagte Franzi. Sie kam durch das Gatter und begrüßte Pegasus. Er schnaubte leise und rieb seinen großen Pferdekopf an ihrer Schulter.

„Ja, aber ich habe gestern ein paar Leute gesehen, die Gipsy etwas über den Zaun hinweg gefüttert haben", erklärte Ulrike, „und unser kleiner Gierhals hat es einfach runter geschluckt."

„Sie ist doch bald wieder gesund?", fragte Franzi mit Angst in der Stimme.

„Ich glaube schon", sagte Ulrike zögernd, „aber gestern Abend hat sie Krämpfe gehabt. Sie ist noch nicht über dem Berg."

Franzi umarmte Pegasus, damit Ulrike nicht sehen konnte, wie sie schon wieder fast weinte. Sie spürte einen dicken Kloß im Hals.

Ulrike streichelte ihr über die Schulter und sagte mit belegter Stimme: „Wir müssen abwarten. Und solange kümmern wir uns gut um Pegasus. Er ist auch traurig, auch wenn er nicht genau versteht, was los ist."

Franzi nickte. „Ich kann gleich mit ihm ein bisschen mit ihm spazieren reiten", schlug sie vor und lächelte Ulrike mühsam an.

„Das ist eine gute Idee, Franzi", sagte Ulrike und sah sie dankbar an, „du bist eine große Hilfe hier, das weißt du?" Franzi nickte und sah zu Boden. Wenn sie nicht aufpasste, würde sie doch gleich anfangen zu weinen.

Franzi sattelte Pegasus, stieg auf seinen Rücken und sie bogen im Schrittempo in einen Feldweg ein. Pegasus schien recht gedämpfter Stimmung zu sein, er hatte nicht einmal Lust zu galoppieren. Franzi fühlte sich so traurig, dass sie Pegasus einfach dahingehen ließ, wo er hin wollte, und hing ihren Gedanken nach. Nach einer halben Stunde blieb er an einer Wegkreuzung einfach stehen.

„Welchen Weg willst du gehen, Pegasus?", fragte Franzi. Pegasus begann, etwas Gras am Wegrand zu essen. Franzi seufzte und stieg von ihm ab. Sie fühlte sich zu traurig, um ihn anzutreiben. Sie hatten beide wohl doch keine große Lust auf einen Ausritt. Sie führte Pegasus am Zügel ein paar Schritte auf eine Wiese, die voller leckerer Frühlingskräuter blühte. Normalerweise hätte Franzi den Anblick sehr genossen, die vielen Blumen, die prachtvoll ihre Köpfe der Sonne zuneigten, die Apfelbäume, die weiß blühten. Doch in ihrem Inneren war Franzi nur elend zumute. Was war, wenn Gipsy einfach nicht mehr wieder kam? Wenn sie einfach starb? Der Kloß in ihrem Hals wurde größer und jetzt konnte sie die Tränen nicht mehr zurück halten. Franzi umarmte Pegasus und schluchzte und weinte viele Minuten lang. Pegasus hielt ganz still und schien sie zu verstehen, während sie ihn umarmte und in seine Mähne weinte. Er vermisste Gipsy ja auch. Franzis Tränen versiegten erst, als sie sich ganz leer fühlte. Komischerweise fühlte sie sich jetzt weniger traurig, und der Kloß im Hals war auch nicht mehr da.

„Komm, Pegasus, wir reiten zurück", sagte sie zu ihrem Pferd, küsste ihn auf seinen weißen Hals und stieg wieder auf. Sie fühlte sich immer noch traurig und machte sich Sorgen um Gipsy, trotzdem fühlte sie sich viel besser.

Als Franzi wieder bei dem Reiterhof ankam, lief Ulrike ihr entgegen.

„Gipsy geht es besser", rief sie ihr zu, „sie trinkt wieder Wasser und ihre Blutwerte haben sich seit gestern verbessert." Sie lächelte Franzi strahlend an.

68

„Oh, wie schön, ich freue mich so sehr", sagte Franzi und musste gleich wieder ein bisschen weinen.

„Weine ruhig", sagte Ulrike lächelnd, „das tut immer gut. Ob man weint, weil man traurig ist oder erleichtert, ist ganz egal. Wenn man weint, löst sich etwas."

Franzi wischte sich die Tränen ab und lächelte: „Ja, das habe ich heute auch gemerkt, und jetzt kann ich fast nicht mehr aufhören." Sie strich sich ihre Haare zurück. „Kommt Gipsy heute zurück?"

„Der Tierarzt möchte sie noch bis morgen da behalten", erklärte Ulrike und tätschelte Pegasus den Hals. Sie sah Franzi an.

„Komm, bring Pegasus in den Stall und dann gönnen wir und Peter uns ein Stück Erdbeerkuchen mit Sahne, zur Feier des Tages."

Franzi nickte glücklich. Gipsy würde wieder gesund werden. Franzi war so erleichtert, dass sie es nicht in Worte fassen konnte. Am Morgen hatte sie nichts herunter gebracht, so sehr war ihr Gipsys Krankheit auf den Magen geschlagen. Doch jetzt knurrte ihr Magen, und ein Stück Erdbeerkuchen war genau das Richtige.

Sie stieg von Pegasus ab und flüsterte ihm zu: „Hast du gehört, Pegasus? Gipsy kommt morgen wieder!" Pegasus hob den Kopf und sah ihr direkt in die Augen, als würde er alles verstehen. Wahrscheinlich tat er das auch. Franzi holte eine Karotte aus ihrer Tasche und gab sie ihm. Pegasus nahm die Karotte vorsichtig aus ihrer Hand, kaute sie und schluckte sie in Windeseile runter.

Franzi lächelte und küsste ihn nochmals, diesmal auf die Pferdenase. „Morgen seid ihr wieder zu zweit, und alles ist wieder gut", sagte sie glücklich und führte Pegasus in Richtung Stall. Der Erdbeerkuchen wartete.

Kater Söckchen in der Katzenschule

Lola und Milky preschten sofort aus der alten Hütte raus, als sie mit ihren feinen Ohren hörten, dass sich etwas im Gebüsch rührte. Sie warteten auf ihre Tante Nanuka. Nanuka war eine riesige getigerte Katze und galt als die beste Jägerin ihrer Katzen-Gemeinschaft. Es war immer spannend, was sie von ihren Streifzügen mitbringen würde. Die beiden Kätzchen sprangen vor Aufregung wild herum, jagten sich gegenseitig und machten so einen Krach, so dass auch Söckchen etwas zögernd sein Köpfen aus der Hütte streckte. Als einziger seiner Geschwister war er orangerot-getigert. Endlich kam Nanuka aus dem Gebüsch, im Maul eine riesige Maus.

Die drei Kätzchen sprangen zu ihr hin, und Nanuka ließ die tote Maus auf den Boden fallen.

„Na, ihr kleinen Milchschnuckler", neckte Nanuka die Kleinen, „wollt ihr sehen, was für einen schönen Happen ich heute Morgen gefangen habe?"

„Die ist aber groß", miaute Milky bewundernd.

„Musstest du lange auf der Lauer liegen", fragte Lola neugierig.

„Nur ein kleines Weilchen", sagte Nanuka und grinste, „diese Maus konnte nicht mehr gut sehen und ist mir direkt vor die Nase gelaufen."

Die Kätzchen miauten aufgeregt.

„Sie war richtig alt, oder?", fragte Söckchen und stupste die Maus vorsichtig mit einer Pfote an. Er wusste ja, dass Mäuse die wichtigsten Beutetiere der Katzen waren, aber die graue Maus tat ihm trotzdem leid.

„Genau, sie wäre sowieso bald gestorben", knurrte Nanuka und nahm danach die Maus wieder ins Maul. Sie nuschelte noch: „Bis später in der Schule" und ging davon, um die Maus in ihr Versteck zu bringen. Später würde sie sie ganz in Ruhe verspeisen.

„Ich wünschte mir, ich könnte auch so gut jagen", erklärte Milky, der Nanuka bewundernd hinterherschaute.

„Jetzt kommt", rief Lola ihren beiden Brüdern zu, „wir kommen zu spät in die Katzenschule." Söckchen drehte sich zu ihr um und ließ seinen Schwanz hängen.

Seit einem Monat gingen die drei Kätzchen in die Katzenschule, und Söckchen wurde es immer mulmiger, seitdem er hinging.

Eigentlich war die Katzenschule richtig toll! Da trafen sich die Kätzchen des gesamten Bezirks, um mehrere Monate lang in so wichtigen Fächern wie „Wesen der Beutetiere", „Jagdstrategien", „Fährtenlesen" und „Menschenkunde" unterrichtet zu werden.

Söckchen und seine Geschwister hatten viel Spaß dabei gehabt, als die alte Lehrerin Mimi von den Menschen berichtet hatte. Die haben ja wirklich sehr seltsame Gewohnheiten!

Mimi erzählte mit ihrer heiseren Stimme: „Die Menschen hüllen sich in viele seltsame Häute, damit ihnen nicht kalt wird. Leider haben manche dabei keinen besonderen Geschmack. Sie sind auch recht faul. Sie fahren lieber in großen Kästen herum anstatt selber zu laufen." Die Kätzchen hatten sich vor Lachen gekringelt.

Verwundert hatten sie zugehört, als Mimi berichtete, dass die Menschen denken, dass Katzen, die bei ihnen leben und von den vollen Vorratskammern der Menschen profitieren, ihre

Katzen seien. Mimi hatte den Kopf geschüttelt: „Die Menschen betrachten diese Katzen als ihre Haustiere, könnte ihr das glauben?" Die Kätzchen kicherten erstaunt.

„In Wahrheit sind es die Menschen, die von den Katzen sanft dahin geführt werden, das zu tun, was die Katze möchte", fuhr Mimi fort, „es ist beispielsweise ein Leichtes, einen Menschen dazu zu bringen, besseres Essen zu präsentieren. Dazu muss man nur viel miauen und mehrere Tage unglücklich um das Futter herumschleichen, ohne einen Bissen davon zu probieren." Mimi hatte gegrinst.

„Natürlich ist jede Katze eine gute Jägerin, das ist klar, aber manchmal macht es auch Spaß, einen guten Happen einfach vorgesetzt zu bekommen."

„Jede Katze ist eine gute Jägerin" hatte Söckchen betrübt gedacht, und da war ihm das Lachen wieder vergangen. Denn Söckchen fand alle Fächer in der Katzenschule interessant, aber ausgerechnet vor dem wichtigsten Unterrichtsfach hatte er eine riesengroße Angst: dem Fach „Jagdstrategien"! Darin hatten sie jeden Tag Unterricht. Und was noch schlimmer war: Nanuka, Söckchens Tante, war ihre Lehrerin!

Jeden Tag lehrte Nanuka die Kätzchen die Grundlagen des Jagens. Sie beobachtete befriedigt, wie ihre Schützlinge immer besser wurden im Beutetiere auswählen, anschleichen, blitzschnell zuschlagen und die Beute in Sicherheit bringen. Nanuka hielt nicht viel von langweiligen Vorträgen. Sie nahm die Kätzchen mit in den Wald und dann mussten sie sich erproben und zeigen, was sie gelernt hatten.

Milky und Lola waren begeistert und sehr stolz, dass Nanuka so eine gute Jägerin und zudem ihre Tante war. Sie strengten sich mächtig an und schnurrten ansonsten die ganze Zeit um Nanuka herum. Nur Söckchen hatte morgens immer schon Bauchgrummeln, wenn er an die Jagdstunde mit Nanuka dachte. Am liebsten wäre er gar nicht mehr zur Schule gegangen.

„Ich möchte keine Tiere töten müssen, keine Mäuse und auch keine Vögel, egal wie klein sie sind", dachte Söckchen traurig. Er war sich sicher, dass irgendetwas mit ihm nicht stimmte. Noch nie hatte er davon gehört, dass eine Katze keinen Spaß am Jagen fand. Söckchen schämte sich dafür und versuchte es, mit allen Mitteln zu verheimlichen. Aber wie sollte er seinen Widerwillen gegen Blut verheimlichen? Wie sollten die Jagdstunden weiter vorangehen, wenn er heimlich alle Mäuschen und Vögel wieder frei ließ, sobald die anderen Kätzchen wegschauten? Milky und Lola hatten ihn kürzlich aufgezogen, weil er der einzige der Gruppe war, der noch keine Maus getötet hatte. Und hin und wieder hatte er bemerkt, wie Nanuka ihn mit einem sorgenvollen Blick ansah.

Söckchen seufzte und schlug mit seinen Pfoten nach ein paar Farnblättern. Er wusste nicht, wie lange er noch weiter machen konnte, ohne sich in der Katzenschule völlig lächerlich zu machen.

Doch an diesem Schultag sollte das Jagen erst später statt finden. Erst einmal gab es Söckchens Lieblingsfach: Singen! Vielleicht mag das manchen erstaunen, dass junge Katzen auch singen lernen, doch wenn man sie mal des nachts auf einem Hausdach laut gemeinsam singen gehört hat, wundert man sich nicht. Das müssen die Katzen ja erst gemeinsam üben, um so schöne Musik zu machen!

Eine hübsche beigefarbene Katze namens Mona Lisa war ihre Lehrerin. Mit ihrer klangvollen schönen Stimme rief sie die Kätzchen zu sich: „Meine Süßen, auf auf, kommt her zu mirrrr!" Söckchen und die anderen Kätzchen versammelten sich um sie. Es gab noch etwas Gerangel, weil die einen Kätzchen noch schnell nach dem Schwanz der anderen pföteln mussten, aber schlussendlich saßen alle Kätzchen ruhig da. Mona Lisa stimmte einen hohen Ton an: „Mimimimi."

Die Kätzchen versuchten, ihn nachzusingen: „Mimiau mieau me me."

„Das klang ja furchtbar!", dachte Söckchen.

Mona Lisa rief mit ihrem rollenden r: „Rrruhe! Das war... na ja... noch nicht perrrrfekt. Bitte übt das jeden Tag! Wisst ihr überhaupt, warum wir diese einfachen Tonfolgen üben?" Die Kätzchen sahen sie gespannt an. Mona Lisa sprang von ihrem Baumstumpf herunter und spazierte vor den sitzenden Kätzchen hin und her. Ihre Augen leuchteten vor Begeisterung.

„In den nächsten Monaten werdet ihr lernen, Vogelstimmen zu imitieren", erklärte Mona Lisa, „ihrrr könnt so in Kontakt treten mit Sperrrlingen, Spatzen und Eulen."

Söckchen sah von der Seite, wie Nanuka, die langsam vorbei spazierte und zuhörte, sich verächtlich räusperte und dann den Kopf schüttelte. Er wusste, dass die besten Katzenjäger das Fach „Singen" als völlig überflüssig betrachteten. Warum sollte denn eine Katze unbedingt singen lernen? Jagen war doch viel wichtiger!

Aber Söckchen war begeistert. Er hatte in den wenigen Unterrichtsstunden im Singen etwas gefunden, was ihm Freude machte und ihn völlig erfüllte. Und er traf die Töne! Er konnte richtig gut singen.

Mona Lisa sagte nun: „So hörrrt sich ein Spatz an: Piep piep piep..." Und die Kätzchen hörten mit Verwunderung, dass ein Gepiepe aus Mona Lisas Mund kam, als hätte sie dort einen Spatz versteckt.

„Und jetzt die Waldohreule", kündigte Mona Lisa an, „Huh huh huh huh." Und trotz des hellen Taglichts klang es so, als wäre eine Eule unter ihnen.

Söckchen war fasziniert, und bevor er noch Zeit hatte zu überlegen, ob es eine gute Idee sei, machte er den Ton der Waldohreule nach: „Huh huh huh huh."

Mona Lisa strahlte ihn begeistert an: „Sehrrr gut, sehrrr gut, Söckchen, ausgezeichnet! Versuche auch die Kohlmeise: Tiriliri tiriliri tiri."

Söckchen sang: „Tiriliri tiriliri tiri."

„Und jetzt das Eichhörnchen: Tza tza tza."

„Tza tza tza", keckerte Söckchen, als ob er schon immer ein Eichhörnchen gewesen wäre.

Mona Lisa schnurrte laut und sagte: „Sehr ungewöhnlich! Du bist der talentierteste Schüler, den ich je hatte, Söckchen."

Alle Kätzchen starrten Söckchen erstaunt an. Schließlich war er noch nie irgendwo besonders aufgefallen. Söckchen hob schnell seine Pfote und leckte sie verlegen. Er war nicht gewohnt im Mittelpunkt zu stehen, aber insgeheim war er auch ganz schön stolz.

Ein Kätzchen sagte etwas vorlaut: „Ein Eichhörnchen ist aber kein Vogel."

Mona Lisa lächelte breit, als sie über die Kätzchenschar schaute, die vor ihr saß. „Wir können auch andere Stimmen nachmachen", sagte sie, „nurrr die Menschen und manche Echsenarten sind zu schwierrrig für uns." Sie klatschte in ihre Pfoten. „Genug für heute, meine Lieben. Übt das mimimimi. Bis nächste Woche."

Alle Kätzchen stoben auseinander. Erst einmal war Pause und da ließen sich die Kleinen nicht lange bitten. Sofort wurde gerangelt und gespielt, was das Zeug hielt. Nur Söckchen saß ein wenig abseits der anderen. Er musste darüber nachdenken, was Mona Lisa gesagt hatte. War er wirklich so begabt? Er fühlte sich so glücklich wie schon lange nicht mehr. Nicht mal die Aussicht auf eine Stunde „Jaagdstrategien" nach der Pause konnte seine gute Laune trüben. Und wenn er ehrlich war, konnte er kaum die nächste Stunde bei Mona Lisa erwarten.

Am Abend, als Söckchen sich mit seiner Mutter und seinen Geschwistern in sein warmes Heubett einkuschelte, schloss er noch schnurrend die Augen. Doch gerade als er fast schon eingeschlummert war, hörte er Lärm von draußen. Ein lautes Heulen erklang! Nicht von einem Kater oder einer Katze, sondern von einem anderen Tier. So ein Heulen hatte Söckchen noch nie gehört.

„ Das bedeutet Gefahr", sagte seine Mutter ernst und sprang wie der Blitz auf. Sie scheuchte die Kätzchen aus der Hütte und kurze Zeit später standen sie mit mehreren Dutzend anderen Katzen auf ihrem Gemeinschaftsplatz. Alle waren gekommen und sahen sehr besorgt drein.

„Wölfe!", sagte Nanuka grimmig, während sie in die Mitte des Kreises ging, den die Katzen gebildet hatten. Sie schaute sich ernst um. „Das sind Wölfe und sie heulen, um ihren Anspruch auf dieses Gebiet zu zeigen. Bald werden sie einen Erkundungsgang machen und uns hier antreffen."

Söckchen schmiegte sich mit seinen beiden Geschwistern ängstlich an seine Mutter. Von Wölfen hatte er schon die schlimmsten Geschichten gehört. In der Regel gingen sie nicht besonders gut für die Katzen aus, die beteiligt waren.

„Was sollen wir tun?", fragte Mimi, „Wölfe sind stärker als wir."

„Wir können fliehen", sagte eine vor Angst zitternde Katze leise.

Ein großer getigerter Kater reckte kampflustig seine Pfote und rief laut: „Wir rennen doch nicht weg wie die Hasenfüße! Nein, wir kämpfen."

Nanuka wiegte ihren Kopf hin und her: „Kämpfen wäre mutig, aber auch dumm! Die meisten von uns würden das nicht überleben."

Söckchen erschauerte und Milky neben ihm piepste jämmerlich. Alles waren einen Moment still. Das Heulen der Wölfe hielt unvermindert an.

Nach einem Moment sagte Mona Lisa: „Ich habe eine Idee."

Nanuka wandte sich ihr widerwillig zu. Was wusste eine Gesangslehrerin schon von Wölfen?

„Wie ihr alle wisst, lernen wir in meinem Unterricht nicht nur das Singen, sondern auch die Stimmen anderer Tiere nachzumachen." Alle Katzen nickten. Mona Lisa sah alle nacheinander an, während sie weiter sprach: „Wenn Wölfe heulen und keine anderen Wölfe zurück heulen, wissen sie, dass sie das Gebiet für sich beanspruchen können", fuhr sie fort, „aber wenn sie denken würden, dass hier Wölfe leben, lassen sie uns in Ruhe und ziehen weiter."

Nanuka verstand sofort: „Wir sollen so tun, als wären wir Wölfe? Wir sollen heulen wie Wölfe? Kannst du das denn?"

Mona Lisa errötete und sagte stolz: „Ich habe mein Wolfsgeheul schon oft geübt, wenn ich weiter entfernt im Wald war. Es ist ganz ordentlich, wenn ich das so sagen darf."

„ Aber wenn nur ein Wolf heult, ist das zu wenig", wandte ein junger Kater ein, der gut zugehört hatte, „es müssen schon mehrere sein."

Mona Lisas Blick fiel auf Söckchen, der aufmerksam der Unterhaltung gelauscht hatte.

„Ich glaube, ich kann Unterstützung bekommen", sagte sie lächelnd und trat zu Söckchen. „Komm, mein Kätzchen, du wirst nun einfach ganz genau meine Töne nachmachen, so wie heute im Unterricht." Söckchen nickte etwas eingeschüchtert und sah Nanuka fragend an.

„Wir haben keine große Wahl", erklärte Nanuka, „wir versuchen es." Sie sah Söckchen ernst an. „Wir zählen auf dich, Söckchen."

Alle Katzen sahen wie gebannt zu, wie Mona Lisa und Söckchen auf einen breiten Baumstumpf sprangen. Von hier aus würde man sie besser hören können. Söckchen hatte alle Aufregung verloren, er wusste, dieser Moment war so wichtig wie noch nie einer in seinem Leben. Er war entschlossen, das beste Wolfsgeheul von sich zu geben, das jemals in diesem Wald von sich gegeben wurde.

Mona Lisa sah ihn nochmals an, schloss dann ihre Augen und legte den Kopf in den Nacken. Sie öffnete ihr Maul und ließ ein so schauerliches Wolfsgeheul ertönen, dass die Katzen unwillkürlich einen Schritt nach hinten traten.

Nach einem Moment tat Söckchen es ihr nach. Er legte ebenfalls den Kopf in den Nacken und ließ das erste noch etwas leise Geheul ertönen. Doch dann wurde er sicherer. Aus seinem kleinen Mäulchen kamen hohe und tiefe, heulende und jaulende Töne. Sie jaulten immer lauter und drohender. Das Geheul sollte schließlich den Wölfen sagen, dass hier ein gefährliches Rudel lebte. Nach mehreren Minuten Geheul brachen Mona Lisa und Söckchen ab und legten sich erschöpft auf den Baumstumpf.

Das Wolfsgeheul, das vorhin den Anschein schien, näher zu kommen, wehte nun von weiter entfernt zu ihnen heran. Alle Katzen lauschten aufmerksam.

Nach einer weiteren Minute brach das Geheul ganz ab.

Die Katzen sahen sich an und brachen in lautes Jubilieren aus.

Sie drängten sich um Mona Lisa und Söckchen und umarmten sich, so wie Katzen das eben können.

Nanuka rief: „Ihr habt es geschafft! Die Wölfe sind weiter gezogen!"

Söckchen konnte das gar nicht glauben. Hatte er zusammen mit Mona Lisa gerade die Katzengemeinschaft gerettet? Milky und Lola stupsten ihn glücklich an und seine Mutter leckte ihm stolz über die Ohren.

Söckchen strahlte über das ganze Gesicht und sah Mona Lisa an, die gerade etwas verlegen ihre Pfote putzte. Aber ihr Gesicht strahlte mit seinem um die Wette.

Nanuka kam näher und flüsterte Söckchen zu: „Hör zu, Söckchen, ich habe eine Idee." Söckchen sah Nanuka neugierig an. „Ich habe mitbekommen, dass das Jagen dir nicht gefällt. Da du uns so einen großen Dienst erwiesen hast, bist du ab jetzt vom Jagen befreit und kannst dich voll und ganz dem Singen widmen."

Söckchen sah Nanuka ungläubig an. Das war ja die beste Idee, von der er jemals gehört hatte. Nie mehr Jagen? Und jeden Tag Singen? Vor lauter Freude drehte er sich mehrmals um sich und schnurrte laut. „Danke Nanuka", rief er laut, denn sie war schon ein paar Schritte weiter gegangen. Nanuka zwinkerte ihm zu und rief dann laut in die Menge hinein: „Lasst uns die Nacht durchfeiern!" Das musste man den Katzen nicht zwei Mal sagen. Sie spielten und tobten und kletterten die Bäume hoch, so dass sich die Eichhörnchen vor Verwunderung die Augen rieben. Und Söckchen war mittendrin und der fröhlichste von allen. Diesen wunderbaren Tag würde er niemals mehr in seinem Leben vergessen!

Liebe Kinder,

ich hoffe sehr, dass euch die Geschichten von Söckchen, Laura, Franzi und den anderen gefallen hat.

Vielleicht greift ihr mal wieder zu einem Buch von mir. Das würde mich sehr freuen. Es sind noch einige in Planung.

Alles Liebe euch und vergesst nicht, heute eure kleinen und großen Glücksmomente zu sammeln!

Eure Dorothee